Yahya Bensouda

Pamphlet Contre l'homme décadent des temps modernes

Yahya Bensouda

Pamphlet Contre l'homme décadent des temps modernes

Éditions Muse

Imprint

Cover image: www.ingimage.com

Publisher:
Éditions Muse
is a trademark of
International Book Market Service Ltd., member of OmniScriptum Publishing Group
17 Meldrum Street, Beau Bassin 71504, Mauritius

Printed at: see last page
ISBN: 978-620-2-29448-5

Je me livre enfin, et me délivre... À vous donc, bourreaux !

Que me veulent tous ces hommes autour de moi ? Pourquoi s'acharnent-ils à me convaincre du bien-fondé de leur existence, de la légitimité de leur présence dans la vie ?! Que je vous voie, cela ne fait point de vous des hommes. Je vous vois tous pavanés, autant que vous êtes, avec vos soutanes et vos habits. Je vous reconnais derrière votre couche superficielle qui crève au premier mouvement précipité, au premier contact avec un être des profondeurs.

Vous puez le pourri avant même que je n'aperçoive votre carcasse de faux-semblants. Dégagez, évoluez, où vous voudrez, comme vous voudrez, et épargnez-moi vos bonnes intentions de sauveur ! Évitez de pencher votre ombre sur l'abysse que je creuse. Le soleil ne daigne pas me gratifier de sa visite furtive chaque jour, dans ma tâche acharnée. Si vous n'êtes pas une étoile qui répand lumière et chaleur, disparaissez, et me laissez creuser… Je risque de jeter les débris de mon abysse sur votre figure ténébreuse. *Évoluez*, votre existence dès lors ne m'émeut pas.

Je suis un être des profondeurs, le miroir dans lequel vous n'oseriez jeter un regard, puisque je vous montre dans votre nudité la plus crue, sans autre artifice que vos mains que vous portez instinctivement à votre sexe pour vous couvrir, dans votre pudeur de descendants d'Adam et d'Eve. La terre est bien trop molle pour qu'un être des profondeurs entreprenne la construction de quoi que ce soit de solide sans détruire, sans saper tous les soi-disant fondements sur lesquels l'Humanité s'est acharnée à fonder. Vous êtes mous, vous les hommes de ces temps ; aussi mous que la terre sur laquelle vous avez construit vos édifices les plus chéris. Votre regard s'est pour des siècles porté sur l'extérieur, dans votre illusion d'être le centre de l'univers ; votre illusion que tout est mobilisé dans l'univers au bon gré de vos caprices les plus grossiers. Tellement que vous n'osez plus jeter un regard à l'intérieur, dans l'abysse de votre nature inhérente. Vous n'osez regarder dans les yeux l'être des profondeurs ; son œil est trop lucide pour se laisser impressionner par vos clinquants ridicules, votre faux or, votre médiocrité. Circulez, il n'y a point de place pour vous ici, dans mon abysse ; je suis trop occupé dans ma quête de lumière pour apercevoir la fadeur de vos ténèbres. Mon œil a été pour longtemps brouillé par votre morale et vos vertus qui sonnent comme les sous en cuivre. Le brouillard se dissipe. Et j'aperçois le soleil. Vos ténèbres crèvent et la lumière s'immisce dans ma vie. Et pour un regard voué à la lumière astrale, qu'il convoitait même sans l'avoir jamais vue auparavant, il n'est plus question de rebrousser chemin lorsqu'on aperçoit enfin les premières lueurs de l'aube véritable.

Approchez d'un être des profondeurs et votre réalité crèvera violemment, vous abandonnant à la première contemplation de votre être, dans sa chétivité, dans sa vulnérabilité bestiale. Mais il n'est pas donné d'en tirer quelque bénéfice si la pourriture s'était déjà infiltrée jusqu'à corrompre votre cœur et assombrir votre esprit. L'expérience ferait de vous un vilain misérable, réduit à mendier pitié auprès de votre supposé prochain. Méfiez-vous donc ! La lumière astrale est trop aveuglante pour vos yeux habitués à évoluer dans les ténèbres d'ici-bas. Votre morale, votre bien et votre mal sont bien impertinents dans les profondeurs de mon abysse, au contact de la lumière que je regarde dans les yeux, et qui me réjouit.

Je suis gai ! Vos fardeaux vous rendent lamentables, geignards et rancuniers envers les êtres qui se réjouissent de leur fardeau, qui avancent, le pied ferme, l'allure digne, le but clair, imperturbables par les pleurs et l'abêtissement des brebis égarées ; ne se souciant ni de la distance à parcourir, ni du temps nécessaire pour atteindre leur but. Ils ne sont pas avares de ferveur ni d'acharnement sain. Ce sont les êtres obstinés dans leur quête. Les êtres de lumière que votre morale et vos vertus n'excitent pas ; leur âme a été allumée par la flamme éternelle. Aucun vent ni tempête ne lui est donné de l'éteindre... Épargnez-vous tout contact avec l'être de lumière. Vous n'êtes pas des Phénix... Vous êtes cendre ! Et vous le resterez ! Il ne vous est pas donné de renaître, dans votre crainte bestiale de la mort ; dans votre corrompue convoitise d'un au-delà meilleur, d'un paradis artificiel, qui manque même d'esthétique artistique, de goût ; image de la débauche des sens et de la paix de l'âme éternellement bovine ; vous, traîtres de la vie, décadents. Vous haïssez la vie, et elle vous jouera son tour de prestidigitation : « Renaissez donc pour voir ! », vous dira-t-elle, avec un ricanement dédaigneux sur le coin des lèvres. Elle rit déjà de vos ancêtres, désillusionnés par la terre, par la vie, devenus poussière pour entendre son rire des dieux d'Homère. L'épopée se vit ici ; demandez à Achille, à Ulysse, à Alexandre, à Napoléon… Leur existence vous enseignera !

Circulez, allez étaler vos faiblesses et vos peines sur les devantures des bonnes âmes charitables des religieux ; ils s'apitoieront à coup sûr, eux… Il se pourrait même qu'ils allongent le bras pour faire preuve de leur pitié : la misérable pièce de monnaie ; cette unité de mesure de votre misère et de sa fausse salvation. Amassez, pauvres par l'âme, amassez à vous en crevez la panse ; je suis riche de lumière et mon unité de mesure est astre.

Déguerpissez, partez, votre misère ne m'importe point. Il n'y a point de dignité dans votre misère. Vos gémissements perpétuels percent mon oreille habituée aux chants de la terre, à la valse de la vie ; imprégnée du mouvement fluide de la mélodie solitaire. Je fredonne l'hommage de la vie ; je chante en l'honneur de la vie et mes membres suivent la grâce enchanteresse de cet hymne à la vie, cet éloge mélodieux de l'existence.

Votre vie m'importe aussi peu que votre mort. Je suis trop occupé à vivre pour côtoyer les morts-vivants. J'ai été touché par la main douce de la vie ; et depuis, je n'ai de cesse d'aimer la vie et de vivre… Tous vos artifices me sont insignifiants dès lors. Je suis riche de la vie. Je suis riche de vivre. Seule la vie parvient à m'émouvoir ; je m'émeus de vivre. Et mon émotion est gaie ; mes larmes joyeuses. Je creuse… Et j'imbibe de mes larmes la terre qui cède alors à mon acharnement dédoublé par l'émotion, mais point brusque. Je garde la grâce même dans l'émotion vive.

Mon mépris de votre haine de la vie est spirituel ; votre haine rancunière, vengeresse, socratique ! Vous doutez de la vie, et je doute de vous. Vous vous en prenez à la vie, pareils à des possédés qui attaquent l'ombre fugitive qui les hante, qui les berne. La vie est trop pour vous ! Vous vous faites berner par la vie. Vous êtes vous-mêmes les ombres que vous vous acharnez à chasser de devant vos yeux maladifs, habitués à la maladie de la morale et des vertus d'ici-bas. Vous vous êtes fait un bouclier pour vous défendre de la vie. Mais elle n'attaque que les ennemis à sa hauteur. Et vous ne faites point un adversaire de taille. Votre lâcheté elle-même vous trahit et vous dépouille de votre bouclier et de votre armure de gaze, transparente, et vous êtes livrés devant la vie, dénudés, chétifs, comme à votre venue au monde. Réjouissez-vous de votre propre spectacle, du spectacle de votre tragédie médiocre. Qu'adviendrait-il donc de vos armes ?! Continueriez-vous votre performance, n'ayant que faire, ou vous enfuiriez-vous devant le ridicule de votre condition ?!

Abreuvez-vous de votre sang empoisonné qui s'est acharné contre la beauté de la vie. Votre sang a longtemps stagné pour s'allumer de la flamme éternelle de la vie. Vous vous êtes fait un lit douillet de votre aliénante indifférence à la vie. Périssez donc ! Votre haleine fourbe empeste l'air pur de la vie. Vivez ainsi ! Mais ne vous étonnez point que les êtres imprégnés du parfum de la vie se détournent de vous et évitent votre compagnie. La vie s'apprend ; et vous êtes de mauvais élèves, et, comble de malheur, qui n'apprennent jamais de leurs erreurs ni de celles de leurs ancêtres. Vous ne saisissez point les occasions que la vie vous offre. Votre poing s'est affaibli par autant de mollesse d'âme. Vos membres sont engourdis par autant de stagnation pourrissante. Votre âme est une mare puante qui vous trahit par le propos comme par le geste. Et l'être des profondeurs a le nez fin. Méfiez-vous ! Aucune pourriture, aussi infime soit-elle, n'échappe au nez fin et affûté de l'être des profondeurs... Et aucun parfum ne parvient à tromper son acuité. Vous puez, et de loin, de très loin... Et le coassement des grenouilles répugnantes trahissent votre approche dans le silence de l'antre du solitaire. Tous les sens de l'être des profondeurs vous guettent. Vautrez-vous autant qu'il vous plaira dans cette mare ténébreuse ; mais gare à y mêler l'être de lumière ! Il assèchera votre mare sanglante, et vous deviendrez des affamés de votre propre sang ; des vampires qui s'acharnent à se retourner contre eux-mêmes, à boire leur propre sang ; mais en vain ! Vous vous êtes asséchés, pareils à un tronc d'arbre creux qui, bien qu'il apparaisse haut, droit, ne reçoit plus de sève de la terre. Elle refuse de nourrir l'ombre d'un vivant ; un mort...Relevez-vous autant que vous désirez (vous manquez trop de désir d'ailleurs) ; vous ne parviendrez point à couvrir la lumière aveuglante et la chaleur aride du soleil. Vous êtes trop transparents pour l'empêcher de voyager vers l'être des profondeurs. Votre cocon de gaze s'évapore et se dissipe face à cette flamme nourricière.

Réjouissez-vous de vos succès éphémères. Ils crèvent de votre médiocrité mesquine, de votre besoin de reconnaissance humaine ; vous vous regorgez de louanges vaines et hypocrites. Votre considération pour le vilain prochain vous fait ménager vos coups, déjà faibles. Vous êtes réduits à faire des concessions. À la concession devant la vie ; à l'intransigeante gaieté de vivre. Et vos positions s'en retrouvent molles, élastiques, corruptibles ; atteintes de cette pathologie moderne que l'on nomme communément *flexibilité*. À trop tirer sur vos positions, elles en sont défigurées jusqu'à la vilaine transparence. Vos hommes de politique, de sciences et de lettres sont une preuve vivante de la vertu de l'élasticité des positions.

Vous craignez à en mourir de trahir votre fond glauque, et pourtant sans profondeur. Pareils à une mare qui, par son insalubrité, annonce la profondeur. C'est la profondeur des êtes superficiels. Et habitués à patauger dans les marées boueuses, la vie vous semble une eau trop limpide et franche pour vous risquer à la plongée sous-marine. Vous ne savez pas nager et votre souffle est court. Vous vous noierez à coup sûr, déshabitués à vivre, autant que vous êtes ; déshabitués à goûter à la gaieté de vivre et à sa saine contagion.

Êtres malades, votre cure est la vie. Mais vous cherchez le faux-guérisseur et les faiseurs de miracles. Votre superstition séculaire et crédule vous rend des proies faciles à tout discours de rhéteur, de beau parleur. Et vos médecins y excellent ; ainsi que vos hommes de religion, point avares de cures inventives. Ils vous offrent le grand guérisseur, Dieu, et ses cures métaphysiques. La longue et chronique pathologie vous a rongés jusqu'à l'os que vous en êtes au désespoir, prêt à mettre votre *entendement* (si entendement est) et votre fortune entre les mains du premier venu. Alors que la vie est toute proche, les bras ouverts pour accueillir qui désire vivre. Cependant, vous avez été trop longtemps malades pour savoir vivre… pour guérir !

L'ours et le coyote dédaignent vos grottes creusées à la hâte, abris temporaires de vos perpétuelles peines geignardes. La peur de vous-mêmes les chasse de votre troublante compagnie. Ses compagnons ne s'abritent que dans les grottes profondes, avec les ermites de longues dates, habitués à la solitude et à la gaieté paisible de l'être des profondeurs. De temps en temps, l'ours et le coyote s'échappent de votre cruauté, et s'abritent chez l'ermite, s'allongeant à ses pieds, habitués aux longues contemplations de ce solitaire. L'être des profondeurs suspend alors son éternelle tâche, et accorde à ses compagnons le sommeil paisible et sans soucis, étant des êtres en harmonie avec la terre ; étant de la terre.

Dans ma gaieté acharnée à vivre, coule de ma main une graine qui, au contact de cette terre fertile, germe et croît jusqu'à s'élever en arbre sain et robuste. Mais cet arbre se refuse la sève du commun ; et son feuillage large refuse d'abriter l'ignorance.

L'être de lumière s'abrite sous cette nébuleuse de verdure. Il s'adosse à ce tronc noueux, signe de présence séculaire, et baigne dans cette communion avec la terre. Une brise légère refroidit la sueur qui perle sur son front ; et il s'assoupit, indifférent à votre morale, votre religion et votre dieu. Il n'a que faire de votre bonne conscience d'âme de bovidés, qui vous fait renier la vie ; qui vous fait renier la terre. Marchez, *cherchez* ! Vous croiseriez certainement un de ces arbres dont le fruit est bariolé, signe d'impureté de sa sève, qui puise sa composante nourricière de partout, et se nourrit de tout ; amas du style recherché, de l'effet recherché et du mauvais goût… C'est le ragoût de tous les affamés. Ils se précipitent tous sur ses fruits qui sautent aux yeux ; toutes les bêtes s'en gavent. Il est trop sucré au goût, vertu des sans-goûts ; mais trop tôt vous vous rendez compte que ce que vous avez mangé n'a que l'apparence du fruit ; il vous fait remplir la panse, sans autre vertu nourricière dont le bénéfice s'étale sur une longue période. C'est le fruit de l'indigestion. Dans votre précipitation d'affamés, vous ne mâchez pas suffisamment ce qu'on présente à votre panse, ni à votre esprit. Vous avalez pareils à des cigognes. Sauf que vous n'avez pas l'estomac fort de ces oiseaux, ni la mâchoire dure de l'être des profondeurs.

Vous avez été élevés à obéir ; à vous courber bien qu'il n'y ait point de raison. Le troupeau s'élargit de jour en jour. Et vos éducateurs et vos professeurs ont été formés pour combattre les esprits libres, à faire régner les ténèbres. Ils sont les soldats invisibles de l'autorité. Et l'autorité désapprouve la lumière. Sa nation est le royaume des aveugles et des sourds-muets. Vous avez désappris à entendre l'appel de la raison pour parler. Vous avez désappris à voir pour apercevoir la lumière salvatrice. Et vous vous résignez dans votre condition de brebis, votre condition d'esclave. Vous vous plaisez dans la servitude et vous n'avez même plus assez de courage pour en gémir. Vous êtes réduits à l'état végétatif. Vous êtes semés, vous germez, vous vous nourrissez, vous croissez et vous crevez… Sans avoir laissé de trace ; sans avoir dérangé ; sans avoir crié « j'existe ». Que l'on respire et que l'on puisse se sentir vivant n'est pas assez pour exister.

Votre concept de liberté est prison pour l'être de lumière, votre égalité une injustice. « Nous sommes tous nés égaux » est la vertu de l'esclave. Votre libre arbitre est la résignation des sujets de dieu et des guetteurs du paradis artificiel. L'être des profondeurs déclare : « Je suis un homme » ; Il est fatalité et liberté. Sa vertu est la vie ; sa limite les astres.

Je parle la langue des étoiles. Et vous avez désappris à relever la tête et à contempler le ciel. Les ténèbres qui couvrent vos yeux vous empêchent de les voir. Elles vous semblent loin, très loin. Vous vous êtes trop éloignés… que votre unité de mesure est devenue médiocrité. Votre horizon est votre nez. Même vos aspirations d'homme des temps modernes, vos soi-disant rêves, trahissent votre goût du clinquant, du sonnant, du brillant. Vos aspirations sont terrestres ; vos convoitises, recherche de vanité. Toi, homme décadent des temps modernes, tu aimes te pavaner devant tes semblables, dans tes déhanchements d'être qui meurt d'envie d'être aperçu, d'être repéré, d'être reconnu. Votre vertu moderne de la célébrité, qui vous rend des êtres avides d'applaudissements, trahit votre penchant pour la flânerie, votre désir de se montrer et de briller parmi la masse. Vous êtes les marionnettes du bon plaisir des foules. Vous vous ferez singe et bouffon, acrobate et dieu, pour être aperçus et admirés par le commun des mortels. Vos écrivains et vos penseurs guettent les prix et les décorations, se pavanant, leur *croix* sur la poitrine, parmi la foule d'admirateurs et d'adorateurs. Vous faites de la médiocrité votre idole, du succès monétisé votre but ultime. Votre littérature et vos sciences convoitent l'approbation de la masse, du vulgaire. Et votre opiniâtreté à transgresser les conventions esthétiques et intellectuelles traduit votre incapacité à vous adonner à l'exercice rigide de la pensée et de la création.

Méfiez-vous ! Le goût affûté de l'être des profondeurs est exigeant. Il ne bronche point devant vos fards ajoutés après coup, trahissant votre recherche de l'effet, aux dépens de la clarté et de la sincérité. Vous ne pensez pas ce que vous écrivez ; vous n'écrivez pas ce que vous pensez. Vous êtes trop occupés à penser à vos lecteurs et à vos admirateurs : Vos idolâtres. Vous êtes trop occupés à penser aux reconnaissances et au piédestal que l'on vous bâtira pour vous ériger en idole. Mais vous êtes alors statue ; et vous resterez statue ! L'être de lumière guette vos idoles et les détruit à coup de marteau. Vous vous effondrez au premier coup. Vous n'avez que l'apparence du grand édifice. Mais vous êtes creux. Les quatre vents vous font mugir comme le taureau de bronze. Et les pigeons vous couvrent de fiente, dédaignant votre stature. Vous êtes statiques. Votre envie de s'ériger en idole vous pétrifie.

Vous incarnez la vertu tant moderne de la hâte. L'être des

profondeurs germe en douceur. Et il n'a nul besoin de votre levure qui vous gonfle, vous exposant telles des charognes au flair des vilains carnassiers. Sa mâchoire est dure ; fort, son estomac. Il mâche doucement ; et digère lentement. Tout mauvais aliment atteint de vos pathologies n'échappe pas à son immunité méfiante et vigilante. Vos mets les plus délicieux et vos banquets les plus copieux ne le tentent point. Il a l'œil et le nez pour déceler vos extravagances. Plats qui remplissent les panses, certes, mais qui, à la digestion, trahit votre goût pour la quantité, pour l'exubérance vaine et sans aucun bénéfice. Vos aliments rendent l'être des profondeurs plus avide du pain pur de la terre...

Vos arts sont désormais affaire de loisir, de récréation. Vous vous en servez comme moyen de distraction, une échappatoire de vos occupations sérieuses d'ouvriers, vos professions libérales que vous exécrez. Et ainsi, vous destinez ce qui est sensé revigorer à une foule d'affaiblis, d'hommes décadents à la quête d'une quelconque source d'amusement, qui les rendraient gris et engourdis, tels des drogués. Dans votre recherche de griserie, vous faites de vos arts des drogues, et de leurs amateurs, des drogués, des ivrognes... Votre poésie, point avare de stupéfiants, de sentimentalité bon marché, subjuguent l'homme fatigué des temps modernes et le plonge dans une sorte de nostalgie fébrile, d'abattement nocturne, prélude au reniement de la vie, et de la quête vaine d'un idéal céleste, d'un idéal divin : de Dieu. Votre poésie tend vers Dieu... Mais dans votre ascension d'ivrogne, votre approche du soleil vous dégrise et, pareils à Icare qui avait des ailes, certes, mais point faites pour l'ascension apollonienne, vous choyez. Et dans votre éveil tardif, vous priez le secours de Dieu. En vain ! Votre nature d'homme faible et lourd vous précipite vers le sol dur. La pesanteur vous reprend, et dans un fracas de comète amorphe, vous vous heurtez à la fatalité de la terre ; vous revenez à la terre. Vos ailes sont de cire... Et la lumière vous consume !

Votre poésie manque de consistance ; elle s'effrite à la lecture et tombe, devenue poussière. Tout vent joue de sa cendre éparpillée. C'est la poésie de l'expression lourde et de la mélodie creuse. Votre penchant pour la métaphore fait chanceler vos poèmes et vos discours. Et vos propos, dans leur effervescence, sont ivres autant que vos idées. Votre éternel mal de vivre, insatisfaction d'êtres faibles, vous fait délirer ; et vous pensez dans vos délires fous avoir atteint un idéal, avoir enfin déniché l'élixir de la vie. Mais ce n'est que pur mirage ; qu'utopie abêtissante. Et vous vous élancez, tels des assoiffés, dans ce sentier qui mène à votre péril ; à votre fuite face à la vie, face à la terre. Votre poésie, dès lors, n'est qu'un art pour dilettanti...

Votre vérité ne m'attire point. Elle a tellement d'attraits qu'elle suscite en moi méfiance et répugnance. Votre vérité est par trop baroque... Cette vérité qui cherche désespérément à établir un dieu, ou à le consacrer. Elle est contraignante, votre vérité... Elle astreint l'esprit habitué à l'air libre et qui vole de ses propres ailes. Elle est toute fers, chaînes et boulets. Et l'être de lumière est un danseur souple, maître-escapologiste, pour que les fers entravent ses mouvements. Votre vérité ressemble de près au vautour, dans son attente perchée d'une proie facile, sans difficultés, sans péril, car sans vie... Votre proie est la plèbe, la populace, le vulgaire.

Vos doctrines et vos idéologies entraînent tout un troupeau d'affamés derrière elles. Ce troupeau à la quête d'un remède de ses doutes et de son incertitude animale. La vie est trop pour ce troupeau pour être capable de succomber à sa joie affirmatrice. Le besoin vif d'une explication toute faite, toute prête, recette où excellent les philosophes de la vertu, les démange. Ils exigent une explication, eux qui n'avaient le droit de rien exiger auparavant ; ils attendent l'explication : « Rassureznous, hommes sages ! Il existe bien un dieu qui fait tout mouvoir ?! Il existe, hein ?! » Et les faux philosophes de renchérir platement : « Bien évidemment ! ».

Vos civilisations, qui sont une source intarissable de vanité, ne sont plus que des statues, des idoles, jugées inaccessibles au jour d'aujourd'hui. Vous menez et démenez vos grands hommes par votre incessant besoin de *revisiter* et de *creuser* davantage afin de desceller du *nouveau*. Ce besoin trahit l'impossibilité des produits de la culture de nos jours de se rehausser au rang des chefs-d'œuvre du passé. Vos théories, qui rêvent tant de comprendre le génie caché dans ces classiques, s'entremêlent dans des conjectures interprétatives qui finissent par enlaidir ces créations humaines, qui sont à l'épreuve du temps. Cette tendance *clinique*, qui se réclame académique et scientifique, trahit votre incapacité à s'émerger en égal de ces génies – supérieur, vous ne saurez l'être !

Vous êtes par trop pressés de montrer que vous avez compris le fonctionnement du génie, mais vous êtes vous-mêmes incapables de grandeur géniale. Il vous manque l'audace devant la vérité et l'intransigeance devant les positions, vertus des esprits libres. Vous vous souciez trop de l'opinion de la masse, elle qui n'a pas d'opinion, hormis celle passée d'usage, archaïque, consommée et surconsommée. Cette masse qui n'avait pas de mot à dire dans la culture et la création d'une civilisation. Le seul rôle de la foule se limitait à consommer les idées lorsqu'elles ne sont plus d'actualité dans les arts et la pensée.

La culture de nos temps par trop modernes a beaucoup de

considération pour la masse, parce qu'elle est considérée sous le rapport de son pouvoir d'achat. L'art est créé en vue de sa vente, point dans le but supérieur de revigorer la culture. Vos arts et vos idées visent la foule. La tendance à simplifier – « vulgariser » est par lui-même trop signifiant – les arts et les idées rehausse votre besoin de reconnaissance du vulgaire, de vos suivants indolents, vos idolâtres qui adhèrent à tout, pareils à des parasites. Vous convoitez l'acquiescement du peuple, du vulgaire. Et vos arts et vos idées finissent par être d'une platitude populacière.

Le manque que vous ressentez pour la grandeur vous donne envie de *revoir* l'histoire pour y puiser un objet de vanité, dont vous n'avez aucun mérite. L'histoire des grands hommes existe pour ces êtres qui sont capables de perpétuer la grandeur, pas de s'en vanter – de la consommer platement. Ces grands hommes clament haut et fort : « Nous voici, parvenus au point culminant de notre force créatrice, de notre sur-moi ! Êtes-vous capables de nous y rejoindre vous-mêmes ?! » Et ce n'est point à ces hommes grands de répondre. La question ne s'adresse pas seulement à la volonté des hommes, mais à leurs dispositions naturelles et leurs aspirations également. On ne décide pas de but en blanc de devenir grand. On répond à l'appel de la grandeur quand une espèce de maturité sage a déjà frayé un long chemin dans notre être, une maturité acquise à force de lutte entre les forces créatrices intérieures et les paramètres établis d'un monde insatisfaisant. La longue et constante méditation sur l'état des choses actuel imprime une insoutenable satisfaction qui nous plonge dans la création d'un idéal autre, un idéal supérieur. Et quand cet univers croise indubitablement le monde auquel aspiraient les grands hommes, on se soulage de cette solitude fatale de l'esprit libre. Il puise consolation dans cette concordance des aspirations. Mais il n'est pas donné à l'esprit libre de s'arrêter à cette découverte libératrice – elle est trop affirmatrice et contagieuse pour lui être indifférente. D'un revers de main, il débarrasse alors ses épaules de la poussière accumulée dans le grenier de sa solitude. Et il embrasse fermement dès lors sa condition d'homme voué à la solitude dans toute sa grandeur.

Printed by Books on Demand GmbH, Norderstedt / Germany